Meditações cósmicas

Canalizado por L.B. Mello Neto

YAHNON

Meditações cósmicas

Chaves de acesso aos portais de conexão

MEROPE
editora

Copyright © L.B. Mello Neto, 2024
Copyright © Editora Merope, 2024

CAPA	Natalia Bae
PROJETO GRÁFICO E DIAGRAMAÇÃO	Natalia Bae
COPIDESQUE	Débora Dutra Vieira
REVISÃO	Hebe Ester Lucas
COORDENAÇÃO EDITORIAL	Opus Editorial
DIREÇÃO EDITORIAL	Editora Merope

Todos os direitos reservados.
Proibida a reprodução, no todo ou em parte, através de quaisquer meios.

Dados Internacionais de Catalogação na Publicação (CIP)
(Câmara Brasileira do Livro, SP, Brasil)

Yahnon
  Meditações cósmicas : chaves de acesso aos portais de conexão / Yahnon ; canalizado por L. B. Mello Neto. -- Belo Horizonte, MG : Editora Merope, 2024.
  ISBN 978-85-69729-31-0

  1. Consciência 2. Espiritualidade 3. Meditação 4. Mente e corpo I. Mello Neto, L. B. II. Título.

24-192583   CDD-204.35

Índices para catálogo sistemático:
1. Meditação : Espiritualidade 204.35
Eliane de Freitas Leite - Bibliotecária - CRB 8/8415

MEROPE EDITORA
Rua dos Guajajaras, 880, sala 808
30180-106 – Belo Horizonte – MG – Brasil
Fone/Fax: [55 31] 3222-8165
www.editoramerope.com.br

Sumário

Introdução 9
Nota do canalizador 11

1. Meditação para comunhão com o sol central 13
2. Meditação para o alinhamento com a matriz de vida 21
3. Meditação para se alinhar com os regentes do planeta 29
4. Meditação para o encontro com seus guias 35
5. Meditação para transcender as ilusões 41
6. Meditação para transcender polaridades 47
7. Meditação para a atemporalidade 53
8. Meditação para conexão com as forças naturais 59
9. Meditação de encontro com o corpo 65
10. Meditação para o fluxo com outros mundos 71

Introdução

Sou Yahnon, do sol central de Alcione. Estou imerso em um campo de sustentação de diversas moradas que existem em camadas sobrepostas de experiências com grupos que buscam evolução e reconexão com a fonte, enquanto outros grupos estão em fase de expansão.

Desprendo e empresto filamentos meus para os trabalhos de cura no Instituto Aletheia, e assim me conecto com as experiências mais densas do planeta Terra.

Chegou o momento de trazer canais de conexões para que vocês possam aproveitar melhor a sua experiência corporificada. Com isso, entrego dez formas de vibração que abrem portais saudáveis de conexão em níveis mais sutis.

Este pequeno livro contém conhecimentos sagrados profundos, traduzidos de forma simples e em sua língua para que possam usufruí-los ao máximo. Cada mensagem contém um pacote de energia que eleva a qualidade de suas vibrações e as impulsiona.

Os portais representam passagens para outros mundos, estados ou campos vibracionais. Ao realizar essas passagens, vocês depararão com tudo o que lhes está reservado naquele momento da vida. Nem mais, nem menos.

Se vocês serão capazes de compreender a mensagem, não posso saber, mas seu campo de alguma forma será beneficiado a ponto de propagar novos níveis de luz em sua vida quando acessarem os portais.

Acionem o livro acesso em seu coração e façam as passagens a que seu espírito aspira.

Por todas as camadas.

Yahnon

Nota do canalizador

Ao receber estes ensinamentos, optei por deixar uma mensagem de orientação para você, leitor.

O livro está dividido em dez capítulos e cada um traz os tópicos "preparação" e "meditação".

Recomendo a você que escolha uma meditação por vez, e que não realize outra antes de passadas vinte e quatro horas da primeira meditação. Dependendo do seu nível de entrega, essa prática pode alterar bastante o nível de consciência. Portanto, separe um espaço que lhe dê paz e segurança durante e após a meditação, pois você poderá sentir necessidade de se restabelecer.

Outra recomendação é ler os itens "preparação" e "meditação" antes de iniciar a atividade, de maneira a se permitir ser conduzido. A leitura antecipada também é importante para saber o que é preciso fazer para estar preparado para a prática da meditação.

Todas as meditações foram gravadas e, para acessá-las, basta escanear os QR Codes que se encontram no fim do livro. No entanto, para ouvi-las e realizá-las de modo mais proveitoso, Yahnon recomenda que você faça uma gravação personalizada usando a própria voz na condução da prática. Escutar a si mesmo é um exercício muito poderoso e expansivo. Portanto, considere também essa possibilidade.

Permita-se e desfrute.

L.B. Mello Neto

1
Meditação para comunhão com o sol central

Preparação

Os seres em estado vibracional mais elevado do seu universo têm morada em um lugar que vocês chamam de Sol, um astro que gira em torno de outro grande sol no sistema maior do multiverso. Você e nós fazemos parte de um grande sistema evolucionário. Assuma esse entendimento.

O centro do Sistema Solar, que faz parte de um outro sistema ainda maior, contém diversos núcleos integrados por todas as camadas vibracionais, das mais sutis às mais densas. Dentro desse sistema, você é regido pelas forças de todas as consciências, entidades inomináveis em razão da enorme representatividade que possuem.

Há diversas consciências que moram no Sol e sustentam tudo no interior desse pequeno sistema, mantendo todos os planos das mais variadas formas.

Você recebe mensagens e suporte energético por meio de diversos canais para que tudo se movimente. Seu Sol precisa do sol central para criar um circuito integrado vibracional.

Esse circuito, vamos chamar assim, tem força para garantir a ordem de fluxos dos sistemas planetários. Por isso, entenda que tudo vem primariamente do Sol, não que tudo seja o Sol.

Toda a evolução do sistema vem da evolução dos seres solares, e as consciências que nele habitam estão também em estado de evolução, assim como você.

Enquanto essas consciências se preparam para um outro nível frequencial de evolução, a mudança que ocorre no Sol influencia diretamente todos os seres humanos e os impele a um novo nível.

Você faz parte de uma reação em cadeia que se inicia no sol central. Conectar-se com as consciências do sol central não requer muito esforço. Requer pureza, humildade e verdade na fé em tudo o que existe.

Os seres estão à sua disposição de uma maneira muito mais próxima, amorosa e gentil do que imagina.

Beleza, magnanimidade, grandeza, sutileza, leveza e harmonia são virtudes percebíveis e abundantes no sol central.

Ao se preparar para a conexão com esse estado luminoso, creia, abra-se e sinta essa ligação para que possa beber de uma energia pura de luz.

Esta meditação é um exercício solar que você pode realizar sempre que perceber o sofrimento invadindo sua mente e seu coração, sempre que sentir que está dando às dificuldades da vida uma dimensão muito maior do que elas têm.

É importante que você entenda duas coisas antes de iniciar esta prática de caráter individual. Primeiro, a expansão gerada é gradativa e exclusivamente sua: você tem que chegar ao sol. Não será o sol que chegará até você. Você tem que expandir a sua grandeza, com calma, com a ajuda da espiral.

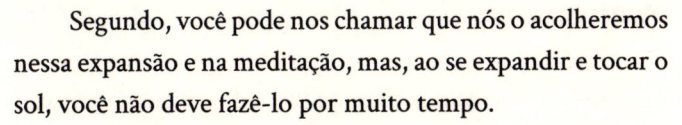

Segundo, você pode nos chamar que nós o acolheremos nessa expansão e na meditação, mas, ao se expandir e tocar o sol, você não deve fazê-lo por muito tempo.

O período é curto, são segundos do seu tempo, mas é suficiente para que o sol possa enviar e transmitir aquilo que você precisa. Demorar mais do que isso pode trazer confusões mentais desnecessárias para a sua experiência.

Meditação

Nós o convidamos para que se coloque numa posição confortável – e numa condição imperturbável – para que consiga seguir estas palavras, estas diretrizes energéticas e, assim, possa se expandir para além da ilusão, atendendo a um convite da realidade espiritual.

Trata-se de uma meditação dirigida à realidade espiritual.

Relaxe, entregue seu corpo, perceba a sua energia.

Sinta essa energia enchendo primeiro os seus pulmões.

Você depende da respiração, mas esse processo básico de sua existência obedece a uma ordem universal logoica de expansão e retração.

Você vibra a expansão e a retração. Você é um ser que vibra.

Permita que a respiração, e não apenas o coração, o ajude a sentir sua energia e seu corpo pulsando. Esse é o palpitar energético da sua presença no corpo tridimensional. Simplesmente relaxe. Perceba o ir e o vir.

Sinta o balanço do espírito, como um balão que enche e murcha. Ao esvaziar os pulmões, você vai para o corpo; ao encher-se de ar, você expande para o universo.

Você precisa da expansão do universo e da contração para o corpo. Expanda e contraia. Expanda e contraia.

Permita que a nossa energia acolha a expansão da sua energia e que a grande mãe deste planeta possa também acolhê-la quando você a recebe.

Caia em nossos braços quando você se expandir. Sinta os nossos braços acolhendo a sua expansão espiritual, a sua energia em crescimento. Essa força cresce e volta, cresce e volta, como se fosse uma espiral, subindo e descendo.

Concentre-se em seu interior e sinta a sua energia como uma espiral, como se essa espiral estivesse dentro de você, expandindo e contraindo, expandindo e contraindo. À medida que sente essa espiral, você se expande para além da Terra.

Abra-se para muito além da sua cidade, para além do seu país, para além das terras e dos mares. Expanda-se e contraia-se seguindo o movimento da espiral, subindo e descendo.

Permita-se expandir para além do planeta, rumo ao espaço. Deixe que nossos braços ampliem a espiral da sua energia.

Enquanto se expande e se contrai, você atinge regiões que estão muito além do seu plano, bem acima e bem abaixo do seu planeta.

Acolha-se em nossos braços e a energia espiral expande e regride. Abra seu campo chegando a outros planetas irmãos, vizinhos da Terra.

Vá além da Lua, expanda e contraia. Expanda e contraia. Permita que a espiral facilite o fluxo de expansão e contração; acolha-se em nossos braços e repouse a energia nesse movimento.

Vá além dos mundos e, por meio dessa extensão, você tocará um pedaço do sol com a sua energia.

Ao longo desse processo nós vamos sustentar toda a sua expansão e, ao tocar o sol, você vai permanecer um tempo nessa condição expandida, bebendo da força, da bondade, da pureza e da sabedoria solares.

Expanda e sustente, nós acolheremos você nessa expansão.

Toque a ponta do sol expandido e beba dessa energia magnífica. Recolha-a e afaste-se do sol.

Vá recolhendo essa energia lentamente numa espiral descendente até chegar, por meio dos nossos braços, ao seu corpo tridimensional que sustenta esta experiência, aqui, neste momento.

Relaxe e descanse.

2
Meditação para o alinhamento com a matriz de vida

Preparação

Imagine sua vida como um estalar de dedos, ou um bater de palmas.

Assim é a sua vida para nós. Nós temos que baixar muito a nossa frequência para perceber esse instante que você está vivendo, que é ainda mais sutil e sensível e está programado para existir.

Você vive de programações. Tudo no seu mundo está programado. Você tem o livre-arbítrio na vida, mas dentro de uma matriz programada onde pode fechar os ciclos, fechar as possibilidades. E você terá muitas vezes aquele sentimento de que está passando por uma experiência já vivenciada, porque teve uma conexão com a sua programação.

Você é feito de escolhas, e essas escolhas também estão dentro da matriz de programação da qual você veio. Algumas delas encurtam os seus caminhos, outras o alongam. Algumas lhe oferecem a repetição necessária até que vibre em um novo nível, a partir de um aprendizado.

Tudo que diz respeito a você envolve aprendizado: onde você se encontra, onde escolhe estar, onde prefere morar, o ambiente, o contexto e as pessoas que o rodeiam. Você escolhe todas as coisas.

Tudo é uma matriz de possibilidades, uma engenharia muito sofisticada que está muito além do que possa imaginar. E há uma sustentação do plano divino espiritual para que essa matriz funcione de maneira coletiva e entrelaçada.

Perceba quanto você e os outros são, no fundo, a mesma coisa, porque todos fazem parte do mesmo jogo, com todas as experiências positivas e negativas, agradáveis e desagradáveis que aparecem.

Você tem a oportunidade de fazer as escolhas, a oportunidade de se movimentar em seu próprio tabuleiro que, por sua vez, tem interface com o tabuleiro de outras pessoas.

Que caminho você deve trilhar para analisar a sua vida e decidir se está fazendo as melhores escolhas, de acordo com a sua programação?

Esse caminho passa pelo seu coração, é a rota da bondade, da verdade. Eis o seu caminho.

Se você vem enfrentando tanta dificuldade ao longo da vida, saiba que você mesmo programou esse roteiro. Por mais que sua vida seja difícil, de muito sofrimento, de muita luta, de muitas perdas, tudo foi programado. E como você lida com isso?

É fundamental saber que essas situações ocorrem para colocá-lo em um nível vibracional mais elevado. Elas foram programadas por você para seu próprio enaltecimento, mesmo que sua existência seja marcada por dificuldades. Você precisa passar por isso nesta vida.

Você tem saído mais forte dessas situações ou vai precisar de uma nova vida para repetir tudo o que viveu nesta?

Quando você chegou a este plano, sua alma clamava por evolução. Ela programou aquilo que é melhor para ela, mesmo que tenha incluído sofrimento. Saiba que você é parte dela e que apenas não se recorda de quem você é, de onde você está.

A alma em si não sofre, quem sofre é a alma cortada na carne, que é você. Você é um ser consciente com um corte de consciência, um ser que habita um corpo e que recebeu uma programação.

Tenha em mente que, se aprender as lições e mudar, você transformará a sua matriz de programação.

Você pode escolher não mudar, e essa decisão implicará repetições. Essas repetições se tornarão cada vez mais acentuadas neste momento do planeta, em que há uma progressiva entrada de luz fotônica e de novos níveis de energia sutis, extremamente poderosos para este novo ciclo.

Para obter todos os aprendizados programados, você precisa ter a humildade de aprender, a capacidade de olhar para si e externar o seu melhor.

Externar o seu melhor é ser generoso consigo sem prejudicar os outros. Ser generoso consigo fazendo o bem aos outros, agindo com retidão, desde que seu coração esteja puro em relação aos seus desejos. Assim você desenvolve a humildade de aprender. É uma capacidade de fazer autocrítica.

E qual é o perigo de se fazer autocrítica?

São os desvirtuamentos, é você minimizar aquilo que não deve ser minimizado e maximizar aquilo que não deve ser maximizado.

Há pessoas tão severas consigo mesmas que acabam obstruindo seu processo de aprendizagem, e há pessoas tão indulgentes consigo mesmas que não reconhecem, ou minimizam, os próprios erros e comprometem o processo de aprendizagem.

A autocrítica em relação à mudança de padrões na matriz de programação do planeta é a mais difícil, pois nessa matriz estão as mudanças mais profundas e transformadoras, que requerem um esforço qualificado da pessoa, algo que pode ocorrer tanto em um curto quanto em um longo espaço de tempo.

Se você tiver humildade, é possível completar sua matriz de existência e, assim, poderá até não encarnar mais nesta frequência.

Este é um ponto que gostaríamos de ressaltar: você está dentro de uma matriz de possibilidades e pode acelerar seu desenvolvimento dentro dela. Você tem essa oportunidade. Como fazer isso? Cada pessoa tem seu próprio caminho.

Pode ser que a mudança em sua matriz tenha a ver com você mesmo, com a sua vida; tenha a ver com a maneira pela qual você faz suas escolhas, responde aos problemas, à dor, ao sofrimento, à frustração; com a maneira pela qual responde à sua negatividade, à sua desesperança, à sua alienação, à sua preguiça; com a maneira pela qual responde à sua própria omissão em buscar conhecimentos que o levem além de suas possibilidades nesta vida.

Muitas vezes, o que impede seu desenvolvimento dentro dessa matriz é a falta de coragem, a ausência da cautela, a relação que tem com sua família, com seus amigos, com uma única pessoa até; a maneira como lida com as forças da natureza, com os animais; a forma como enxerga seu trabalho e sua contribuição para o mundo.

As respostas estão à sua volta porque tudo que você atrai faz parte das suas escolhas, está dentro da sua matriz, e você pode mudar isso. Você pode acelerar seu desenvolvimento e este momento do mundo lhe dá essa oportunidade, e de forma escalável. Isso abre espaço para você ir além, mas sabemos e vemos tudo.

Meditação

Relaxe. Esteja sentado, não deitado.

Abra-se para a sua presença e perceba a sua respiração. Sinta o ar entrar e sair dos seus pulmões.

Perceba como seu corpo infla ao receber o ar e como murcha ao expirá-lo. Sinta seu corpo como uma máquina que não precisa de comando, que funciona de modo automático. Perceba o fluxo natural do corpo, a respiração que leva o fluido da vida para o organismo.

Note que, para o corpo funcionar, ele precisa de um ânimo de energia, um ânimo de luz, algo maior que alimente a vida nele contida.

Você é esse fio de luz que está ligado ao corpo. Sinta sua energia. Perceba que você não é o corpo. Você é uma fonte com luz própria que alimenta o corpo. Sinta sua luz.

Essa fonte está conectada por um fio de luz protegido até sua fonte maior, um lado seu que ficou no mundo espiritual e sustenta a sua existência, e que é a sua origem.

Reconheça que você é uma pequena parte de algo maior que está se experimentando. Abra-se sem a intenção de compreender seu ser maior.

Admita que você é uma personalidade criada dentro de uma matriz projetada e está a serviço de seu ser maior, ou seja, de você mesmo.

Sinta a sua luz sendo puxada pelo fio em direção a dimensões sutis que atravessam o vazio. Abra-se ao movimento de navegar pelo vazio e pelas dimensões mais sutis. Permita-se ser tragado. Sinta uma energia forte, fluida e acolhedora o envolvendo. Essa energia não tem forma. É um campo inteligente e vivo. Ela o abraça, o aconchega e lhe dá a sensação de que você tem tudo e não precisa de nada.

Permita-se beber dessa sensação. Essa energia é seu ser maior o envolvendo.

Sinta-se em plena presença. Sinta uma completude de existência, como se nada faltasse.

Sinta que você é uma projeção e sua vida é uma matriz desenhada perfeitamente por seu ser maior para que possa se purificar.

Sinta gratidão para com sua matriz de vida. Sinta gratidão por tudo de ruim e difícil que passou. Sinta gratidão pelas traições e erros que cometeu. Sinta gratidão pelos presentes que recebeu, pelas pessoas que estão ao seu lado, pelas conquistas que alcançou.

Reconheça que tudo isso são experiências programadas que virarão memória do seu ser maior.

Permita que a gratidão una sua vida física com seu objetivo espiritual.

Agradeça mais uma vez e permita que seu ser maior vá desfazendo o entrelaçamento para que você reconduza a energia e o foco para o seu corpo. Vá voltando. Vá sentindo seu corpo, sua presença e sua realidade física.

Relaxe e descanse. Se precisar, tome um copo de água e durma um pouco.

3
Meditação para se alinhar com os regentes do planeta

Preparação

Você tem uma noção de que seu mundo ocorre aqui.

Pelas linhas ancestrais e pelo entendimento do universo, foi previsto e idealizado que o ser humano estivesse nessa condição de autocentrismo, como se o universo, o centro de tudo, fossem vocês.

Aqui começa todo o engano: o ser humano está no Sistema Solar cumprindo uma etapa de aprendizagem, e a Terra é o único planeta, nesse sistema, em cuja superfície existe vida tridimensional.

Todos os planetas do Sistema Solar são habitados, e todos os seres que habitam esses planetas que sua espécie denominou – mas que não representa necessariamente seus sons – Urano, Júpiter, Saturno, Vênus e Marte, entre outros, são mais evoluídos do que vocês, humanos.

É importante que você compreenda que há raças e formas. A espécie humanoide é uma raça que traz várias evoluções dentro de si e está em um estágio de evolução. Você não pertence a uma raça, você é um ser que está experimentando.

O planeta Terra e todas as experiências riquíssimas que ele proporciona dão a você condições para uma ascensão energética que pode levá-lo a um planeta de experiências ainda mais avançadas, em outros níveis, como Júpiter e Saturno, ou às próprias luas, que também são lugares habitados e plenos de experiências.

Nesses planetas, há cidades de distintas formas, algumas que lhe podem ser familiares e outras que você nem sequer consegue imaginar.

E o que dizer da jornada humana no planeta Terra?

É a experiência mais básica. Você está vivendo a experiência mais básica, nós já falamos isso outras vezes. Aqui repetimos dentro de um outro contexto de entendimento, para que possa ampliar sua consciência neste momento encarnado.

No instante em que desencarna, tudo se revela, você sabe o que está fazendo aqui. Há, porém, um laço energético para você se conectar com uma consciência maior, um vínculo que pode ampliar seu entendimento sobre o sentido de sua presença na Terra.

Esta meditação abre espaço para esse laço de entendimento.

Meditação

Relaxe seu corpo começando pelos pés.

Inicie a prática em posição sentada e com os pés em uma bacia de água morna. Permita-se fazer uma conexão, com a água.

A água foi trazida ao planeta para que pudesse cumprir uma importante função regida por uma consciência poderosa.

Conecte-se com a essência energética da água em sua origem cósmica.

Procure visualizar a água sendo trazida há bilhões de anos do seu tempo e aportando no planeta.

Essa água se encontra agora com você e seus pés estão mergulhados nela.

Sinta a si mesmo como um fluxo de água e se funda com ela.

Perceba como a água vai tomando seu corpo e ativando áreas energéticas de alta vibração à medida que vai subindo.

Esse fluxo sobe pelas suas canelas, joelhos, coxas, órgão sexual, quadris, ventre e vai seguindo até o peito, abrindo todos os vórtices energéticos.

Permita que o fluxo suba até o topo de sua cabeça.

Relaxe e sinta o frescor da energia da água no topo de sua cabeça. Sinta a sua cabeça líquida e leve.

Abra-se ao movimento de ascensão que esse líquido quer fazer. Ele vai se elevando e subindo para o universo através de portais dimensionais.

Você sentirá como se um cordão estivesse saindo pela sua cabeça e se esvaindo para o universo.

Abra-se para a crença nos regentes. Admita a sua existência.

Tenha profunda gratidão por reconhecer a influência que os regentes do planeta exercem sobre tudo o que ocorre.

Não queira falar sobre eles ou compreendê-los. Simplesmente se abra ao fluxo que o conectará a eles.

Não se sinta grande por isso, tampouco uma pessoa pequena. Simplesmente reconheça a conexão, sem desejos e conclusões precipitadas.

Esses seres são tudo e muito mais do que possa imaginar. Eles comandam todo o sistema de evolução e de experiências programadas na terceira dimensão. Eles sabem tudo sobre você e permitiram sua conexão. Eles vão interagir conforme o próprio entendimento de como isso deve acontecer. Não traga o controle para a sua mente; entregue-se e permita-se sentir.

Tudo o que deve fazer é se abrir e sentir sem tentar compreender. Sua intenção deve se resumir a apenas se colocar à disposição para o alinhamento. Como se estivesse a serviço desse propósito.

Permita-se sentir os fluxos no corpo, no espírito, nos diversos corpos que você tem. Deixe que imagens, cores, cheiros e sons se manifestem sem sua interferência. Isso não significa que esses estímulos vão aparecer, mas isso pode acontecer.

Não queira encerrar a experiência por causa de qualquer fenômeno extrafísico. Mantenha-se sentado e relaxado na expansão.

Beba de tudo.

Você perceberá que, em algum momento, o fluxo de água voltará e você sentirá a cabeça líquida e pesada. Esse fluxo percorrerá todo o seu corpo até chegar novamente aos pés. Esse processo pode durar alguns minutos. A conexão com os regentes não é demorada, mas é dinâmica.

Para usufruir plenamente da experiência, recomendo que realize essa prática no fim da tarde ou reserve um tempo adequado ao longo do dia.

Muitas pessoas querem repetir essa conexão diversas vezes. Digo que essa ideia não é muito útil. Ainda que você esteja aberto à conexão, os regentes só se manifestarão quando for necessário.

No entanto, você pode realizar essa meditação duas a três vezes ao ano, pois as mutações energéticas justificam novas conexões.

4
Meditação para o encontro com seus guias

Preparação

Todos os seres humanos, sem exceção, são monitorados. Saiba disso. Fazendo uma analogia para o entendimento em sua linguagem, é como se existisse um grande computador e nós soubéssemos onde você está, o que pensa, o que faz, seu passado, presente e futuro.

Sabemos seu nível vibracional e onde você está. Todos os seres humanos são mapeados.

Você não está sozinho aqui, em nenhum momento, e faz parte de uma coletividade ao usar corpos que foram desenvolvidos por seres engenheiros genéticos.

Tudo o que você tem neste plano existe no mundo espiritual, em determinadas frequências dimensionais.

Obviamente, são milhares e milhares de camadas, mas, sim, o mundo de cima, sutil, reflete o mundo de baixo, denso.

O corpo humano e o mundo foram construídos por arquitetos, mas eles não correspondem ao modelo de arquiteto que você tem neste planeta.

Em um nível dimensional elevado, há arquitetos, médicos, engenheiros, construtores e tudo o mais que você tem no plano físico. O mundo físico é um reflexo do mundo espiritual.

Nada que exista aqui deixa de existir no mundo espiritual. Só que o mundo espiritual é muito mais completo e significativo do que este, infinitamente mais.

Este planeta é um foco de experiências, um mundo de experiências onde você se aprisiona para ter essas experiências.

Como falamos outras vezes, os novos corpos neste planeta são imunes às doenças que atualmente acometem homens e mulheres, e a humanidade caminhará para um corpo físico regenerado, revigorado, saudável; um corpo imune às enfermidades que hoje se manifestam e atemorizam os seres humanos. Mas, neste momento de sua existência, esses males tendem a se acentuar, havendo inclusive novos desafios pela frente.

Não falamos isso para o amedrontar, mas apenas para que se recorde de que isso faz parte da transição, de que lidar bem com essa adversidade atrairá a grandeza do seu espírito.

Quanto maior a força contrária, maior a chance que você tem de crescer com ela. É a hora da coragem, não do medo; é a hora de enfrentar, não de fugir; é a hora de se erguer, não de se entregar.

Este é o momento da humanidade. Porém, muitas pessoas estão cansadas. Muitas pessoas estão desesperadas e sofrendo de ansiedade para obter o controle de um mundo aparentemente incontrolável.

Você jamais controlará um mundo incontrolável, não do jeito que imagina, então aprenda a relaxar. É preciso acalmar seu sistema, pois você é um sistema vivo, um corpo vivo.

Acalmar seu sistema lhe permitirá enxergar melhor a sua realidade para fazer o que é necessário.

Meditação

Repita seu primeiro nome sucessivas vezes. Faça isso verbalmente, não mentalmente.

Não importa se dirá em voz alta ou baixa, simplesmente repita sem parar.

Permita que seu nome reverbere de forma automatizada. Não pare.

Deixe-se impregnar pelo exercício e assista a sua boca verbalizando seu primeiro nome. Sinta o som se propagar. Sinta a vibração sonora. Sinta seu corpo vibrando o nome. Não pare.

Conecte-se com esse nome, que é a sua jornada e a sua memória futura. Entenda que tudo o que você representa se transformará em uma memória. Transcenda e veja além.

Essa memória, que é no que se transformará a sua vida, é toda desenhada e sustentada por energias sencientes que ficaram do outro lado do véu da vida. Essas energias se comprometeram com a sua existência. Elas não vão agir exatamente como você deseja, mas como se programaram para agir.

Elimine seu julgamento e, pela vibração do som de seu nome, perceba que essas energias estão presentes. Ao invocar seu nome, você as invoca também. Elas se comprometeram a sustentá-lo ao longo de toda a sua existência sob qualquer condição.

Continue a reverberar seu nome. Amplie e sinta todo o fluxo sonoro. Sinta seu corpo vibrando. Sinta o campo energético se comunicando.

Faça uma nova comunhão com todos os seus guias por meio de sua vibração. Sinta que eles reverberam seu nome e sustentam seu campo.

Perceba como eles o preenchem, o acolhem, o sustentam e o acompanham todo o tempo.

Respire gratidão e descanse.

5
Meditação para transcender as ilusões

Preparação

Estamos passando por uma grande provação. Estava previsto.

Tudo tem um propósito. Não é possível você crescer sem dificuldade, tal como não é possível você fortalecer seus músculos sem esforço.

Essa é uma premissa básica da vida, por isso o sofrimento, as dificuldades e as crises que você vivencia – situações acentuadas para muitos e que tendem a permanecer assim durante um tempo – são permitidas.

É hora de expandir a sua consciência e entender que você não é o seu corpo, não é esta vida. Você está nesta condição.

A sua passagem por esta vida é temporária, tem um fim, e esse fim é a volta para o seu lar com todos que lhe são caros e que sustentam a sua presença neste mundo. E saiba que em nenhum momento você está sozinho ou sozinha.

Não há como você estar sozinho ou sozinha. Os seres humanos, sem exceção, descem a esta frequência dimensional para viver esta experiência, amparados em todos os momentos e de todas as formas, mesmo que você esteja desligado da sua consciência maior. Embora fique em outro plano, essa consciência está sempre presente e lhe dá todo o apoio para que possa ter esta experiência encarnada.

Portanto, meu amigo, minha amiga, você não está sozinho, ainda que, às vezes, faltem objetivo e esperança, ainda que sobrem dor e sofrimento. Você não está sozinho. As forças interdimensionais e celestes estão todas com você e com cada ser humano. Ninguém fica desamparado porque todos os homens e mulheres são um aspecto de si mesmos em outro plano.

Por mais que o sofrimento faça parte de sua jornada, você jamais ficará isolado e desamparado no que se refere a acolhimento espiritual. As dificuldades existem para que você recupere a sua força, para que tenha dignidade e honre a sua grandeza. A ilusão de todo sofrimento, de tudo o que lhe acontece, existe para que você se recorde de sua nobreza, de que é maior do que tudo isso.

Não se deixe abater por acreditar que as ilusões da vida são reais, porque não são. Trata-se de um jogo, de uma experiência muito bem arquitetada pelos organizadores deste mundo e por você. De certa forma, é como se você estivesse em uma prisão.

Muitos seres humanos estão presos a um processo evolutivo na Terra, tendo de passar por isso em razão de seus padrões vibratórios. Portanto, não adianta travar conversas bonitas, fazer discursos bonitos para os outros, se a sua vibração não estiver em um nível mais elevado.

Você repetirá várias vezes as suas encarnações até atingir o nível vibracional que leva ao outro plano, e só então poderá encarnar em outro mundo, em outro planeta, com outras experiências mais avançadas.

Sempre que ler ou escutar sobre isso, se levar essa verdade para o seu coração, no fundo você vai saber que existe, sim, essa situação, mas não deve se sentir mal por isso. Cada encarnação é uma oportunidade incrível para juntar as experiências acumuladas de todos os seus corpos e saltar para o próximo nível.

Aqui reside um entendimento importante: muitos humanos podem ter a curiosidade de saber se existem seres de outros planetas – Júpiter, Saturno, Netuno... o nome que vocês deram a eles – que decidem vir à Terra para ajudar missionariamente, vamos dizer assim. A resposta é sim, existem. Outros tantos podem querer saber se, eventualmente, os seres de outros sistemas solares podem encarnar aqui para ajudar as pessoas. Sim, isso pode acontecer se eles conseguirem baixar a própria vibração.

Quando se está vibrando em determinada frequência, é um peso muito grande ter de se acomodar num corpo tão, vamos dizer, primário quanto o que os seres humanos possuem, um corpo tão limitado, um corpo mortal. Os corpos mais avançados, mesmo na tridimensionalidade, não morrem, e isso também vai ocorrer com vocês na evolução da raça, no momento oportuno.

Chegará o tempo em que o corpo não vai morrer. Você abandonará esta experiência, largará esse corpo, desacoplando-se dele. Você aprenderá a fazer isso um dia.

Meditação

Encontre um espaço tranquilo onde possa passar um tempo reservado, com uma cadeira para se sentar.

Traga uma vela e coloque-a em frente e um pouco afastada da cadeira onde irá se sentar.

Acenda três incensos de alecrim entre a cadeira e a vela. Coloque-os em linha.

Acenda a vela e apague as luzes do ambiente.

Sente-se confortavelmente, de forma que possa olhar para a vela.

Relaxe a cabeça, os ombros, os braços e permita-se acomodar ainda melhor em sua cadeira.

Mantenha os olhos abertos todo o tempo.

Olhe para a vela. Sinta o cheiro do incenso.

Abra-se ao movimento da fumaça despregada do incenso. Ela criará um ambiente de energia e confiança.

Perceba a dança que a fumaça faz.

Vá entrando na dança, bem dentro desse movimento.

Observe os movimentos dentro dos próprios movimentos.

Observe os desenhos que vão se formando e os sinais que são emitidos naturalmente pela fumaça.

Abra-se ao fluxo da fumaça e sinta seu corpo esfumaçando. Sinta a frequência e a sutileza que tomam seu corpo a ponto de transformar seu estado sólido em gasoso.

Comece a perceber o fluido do seu corpo se fundindo com o fluido da fumaça.

Abra espaço para o que ocorre entre a vela e você.

Permita-se ver o que tiver de ver. Não se assuste com qualquer coisa que venha a aparecer. Simplesmente assuma o lugar de testemunha de tudo o que ocorre neste instante.

Perceba a ilusão material e conecte-se com o mundo espiritual que se apresenta.

Sinta e observe como se estivesse assistindo a um filme. Bem à sua frente.

Não queira entender nada – formas, imagens, cenas, seres ou qualquer outra coisa que se manifeste. Simplesmente esteja presente e observe.

Contemple essa experiência pelo tempo que sentir necessário.

Quando ficar muito cansado, coloque a cadeira de lado, deite-se e descanse.

6
Meditação para transcender polaridades

Preparação

Você consegue perceber qual é o seu papel em toda essa história?

Se olhar com atenção para todos os problemas que o cercam, poderá notar que não são tão grandes quanto parecem, por mais que sejam dolorosos e exijam cuidado e energia de sua parte.

Essa é a perspectiva que nós queremos lhe dar para que saia da energia de sofrimento que se manifesta em todas as transições das quais participa.

Você já entrou, novamente, na grande transição da raça, uma passagem que ainda durará um bom tempo.

Muitos seres humanos irão embora, desencarnarão antes de completar a transição para um novo padrão frequencial da raça e do planeta. Muitos voltarão já no novo nível frequencial; outros tantos acompanharão toda a transição vibrando na frequência dimensional da espécie neste momento.

Tendo isso em mente, tente ativar a sua força interna a partir do seu espírito, procurando se lembrar de que faz parte de um conjunto de encarnações, de experiências passadas e futuras, que o levará a um novo nível frequencial. Isso permitirá que você saia da experiência deste planeta e transmute novas experiências em seu campo frequencial a partir da vontade maior, que não tem forma.

Você não é essa forma. Você não é esse corpo. Seu corpo representará uma memória de uma experiência que você teve, uma experiência não real, porque, quando voltar à sua forma original, vai olhar para este momento como um sonho.

Assim sucedem todas as experiências materiais do planeta, com todas as raças, com todas as espécies em que você existiu, pois nem sempre pertenceu à espécie humana.

Você está numa condição humana, você não é apenas o ser humano na condição humanoide. Muitos espíritos aparecem para você na forma humanoide porque os seres moldam suas aparições para não o assustarem.

Este mundo é intencionalmente polarizado, vamos assim dizer. Há seres em campos de vibrações distintos. Há aqueles que estão comprometidos com a luz e há seres de outras frequências mais sombrias, que também se vestem de luz e de coisas belas para impressionar os humanos. Assim se faz o grande jogo deste planeta, algo de que também já falamos, que é a integração de polaridades.

Os seres de alta vibração e os seres de baixa vibração fazem parte do jogo do universo. Os seres que comandam a experiência do Sistema Solar sustentam as polaridades para que se abra um campo de evolução.

Nada acontece no planeta que não seja permitido. Nada acontece com você que não seja permitido.

As polaridades existem para que você possa reconhecê-las e purificar-se pela expansão.

Meditação

Prepare seu corpo e seu espírito para a construção de movimentos contínuos.

Compreenda que a polaridade se transformará em movimento corporal e, com isso, você transcenderá.

Mentalize que os movimentos repetitivos serão parte contínua desta experiência, e seu objetivo é simplesmente manter as repetições até que sua consciência se descole.

Vamos iniciar com os movimentos das mãos. Imagine-as tremendo. Permita que suas mãos fiquem se mexendo/tremendo e sustente essa agitação, para um lado e para outro, para cima e para baixo, com os braços relativamente parados.

Deixe que esse movimento continue e sinta o fluxo de energia que se forma.

Permita que esse fluxo de energia se expanda para todo o seu corpo, como se o retroalimentasse.

Mantenha as mãos nesse movimento frenético. Não permita que os braços entrem nesse fluxo.

Inicie agora o movimento da cabeça, para um lado e para o outro, acelerando gradativamente. Permita que sua cabeça assuma um movimento frenético, assim como suas mãos.

É como se você sentisse um tremor contínuo e intenso. Permita que ambos os movimentos sejam frenéticos, intensos e contínuos. Não pare de se movimentar.

Permita que os movimentos se transformem em algo automático a ponto de você se descolar.

Convido-o ao desprendimento. Apenas perceba o movimento contínuo e automático gerando um forte fluxo de energia. Você sente a energia e começa a se descolar do corpo.

À medida que se descola, você percebe que o fluxo é gerado porque há um limite que separa os movimentos. Expanda esse limite pela energia, vá além e entenda que você não é esse limite.

Sinta a sua energia extrapolando os limites e expandindo para um sem-fim. O sem-fim é uno, completo e integrador.

Beba da experiência da energia do sem-fim. Permita-se seguir nessa sensação sem precisar compreender nada, apenas se deixando sentir.

Permaneça nessa vibração o tempo que achar necessário, depois vá diminuindo gradativamente a movimentação das mãos e da cabeça.

Deite-se e repouse um pouco.

Ao voltar, beba muita água e siga com suas atividades.

7
Meditação para a atemporalidade

Preparação

O tempo é uma ilusão programada para construir ambientes de provação. A finitude prova que a experiência é breve.

O fator ilusório do tempo pode ser desdobrado, quebrado, partido, fragmentado ou mesmo desmanchado.

Em outras esferas dimensionais, tudo ocorre ao mesmo tempo no agora. Ou seja, passado, presente e futuro acontecem simultaneamente.

No fundo, o tempo não existe. Seu instante é tudo o que há. A totalidade das coisas acontece sempre no agora.

Esse estado de absoluta presença abre o campo informacional das dimensões que se interconectam e traz níveis de consciência abrangentes.

Conectar-se com a atemporalidade é transcender a sua existência a partir de sua presença.

Para isso é necessário renunciar às identificações que geram a segurança do cotidiano e abrir-se a uma loucura temporária que se apresenta de forma inequívoca e indescritível.

É difícil para você compreender isso, mas é real.

A estrutura em que vive, pela finitude da matéria, traz o aprisionamento de realidades que se projeta no aprisionamento da mente e do entendimento das coisas.

Na realidade espiritual, há dimensões que existem em camadas do que se chama tempo e coexistem em dinâmicas diferentes. Um ano representa 365 dias em algumas civilizações e centenas de milhares de dias em outras.

Ao mesmo tempo, há consciências que olham para tudo no mesmo momento como se nada estivesse em movimento. Ou seja, as camadas de desdobramentos da fonte existencial criam ilusões de tempo que abarcam diversas formas de vida atreladas às experiências em seu nível vibratório.

Ao se preparar para a conexão com a atemporalidade, compreenda que a fonte transcende a ilusão temporal trazendo tudo a "todo tempo".

Prepare a fusão do espírito com um universo que não pensa e não sente, não está vivo nem morto, não é visto e está onipresente.

Meditação

Prepare um lugar confortável, o mais silencioso possível, em que possa se deitar.

Escolha um momento tranquilo, e evite que alguém o interrompa.

Deite-se e acalme a mente. Faça isso simplesmente observando os pensamentos e entendendo que é você quem os observa. Isso já o distancia do volume incessante dos conteúdos.

Coloque as mãos espalmadas e paralelas na frente de seu rosto. Afaste um pouco as palmas das mãos. Vá aproximando uma mão da outra, sem encostá-las, e perceba um campo energético entre elas. Não tenha pressa em perceber o campo. É como se fosse um ímã. As mãos quase se tocam e você sente uma energia entre elas. Uma energia almofadada. Uma energia móvel. Vá sentindo e brincando um pouco com a energia entre as mãos.

Observe que, ao afastar um pouco e aproximar as mãos, a energia se molda.

Sinta esse campo que é, na verdade, seu campo de energia.

Estando esse campo em evidência, comece a girar as mãos no sentido anti-horário, como se houvesse uma bola entre elas e você precisasse girar essa bola. Em um primeiro momento, você pode manter uma das mãos parada.

Conecte-se com a energia que vai sendo movimentada pelo giro anti-horário das mãos. Sinta essa energia se movimentando e abrindo um portal.

O portal vai se abrindo à medida que você mantém o fluxo da energia entre as mãos, em contínuo exercício.

Sinta como o campo se abre conforme você vai girando.

Permita que o ritmo e a velocidade do movimento das mãos ampliem o fluxo energético e sinta como ele vai puxando-o para dentro desse portal.

Mantenha as mãos girando enquanto se abre a todo o fluxo.

Entregue-se à energia do portal e permita que ela o abarque por inteiro.

Sua mente começa a ficar mais leve, fluida e, por vezes, entontecida. Permita-se entontecer. Se quiser, feche os olhos.

A energia pode fluir para a cabeça, para os olhos e outras partes do corpo. Deixe-se entrar no portal simplesmente sentindo o fluxo.

Se o fluxo for muito intenso, pare um pouco o movimento das mãos até se ajustar e, quando se sentir bem, retome o movimento.

Talvez você sinta um pouco de náusea no primeiro momento de conexão com esse portal. Não se preocupe, é uma reação natural. Diminua o fluxo até se estabilizar e retome o movimento das mãos.

Vá se permitindo entrar em comunhão com o portal energético e deixe que ele o conduza.

Não projete absolutamente nada, simplesmente entregue-se para o que tiver de viver em outra dimensão.

Seu corpo está nesta dimensão, mas seu espírito e sua mente relaxada estarão em profunda viagem de conexão com as experiências que o aguardam.

Solte-se para tudo. Viva o que tiver de viver.

Quando sentir que a experiência está para terminar, apenas diminua o movimento das mãos gradativamente até encostá-las e casá-las, entrelaçando os dedos.

Repouse um pouco após a experiência.

8
Meditação para conexão com as forças naturais

Preparação

Todas as composições de força da natureza que fazem parte das composições de força do seu plano são energias estruturantes e reguladoras. Essas energias agem a partir de todos os mecanismos dispostos no seu plano em outras dimensões, que são chamados de *grid* planetário.

Esse *grid* tem como base uma engenharia sideral, segundo o seu entendimento, que faz a regulagem de toda a experiência planetária, que é uma experiência transmissível.

Os seres humanos transmitem e geram informações todo o tempo. Esses dados são catalogados e registrados pelos fachos de luz e, a partir desses fachos, são transmitidos pelo ar.

A sua estrutura é toda inter-relacionada, sob todos os aspectos, e você precisa desse ar para viver.

O seu planeta foi constituído a partir de uma transmissão contínua de informações, a partir de seus átomos, a partir das composições químicas das quais você necessariamente faz parte.

Tudo é informado. Nada do que você vive, pensa e sente deixa de ser registrado. O ar é um elemento de transmissão e, ao mesmo tempo, de registro. Ele impregna todos os campos e todos os aspectos materiais que formam a sua realidade.

Entenda que nada do que você faz deixa de ser registrado ou visto. Esses registros são atraídos a partir do *grid* que envolve todo o planeta, um *grid* muito bem construído que, não raro, é objeto de guerras e conflitos entre forças que buscam controlá-lo.

Você pensa que os conflitos existem só na sua realidade, mas também ocorrem de outras maneiras, sob outras naturezas, em outras dimensões e com outros formatos.

Você existe dentro de uma bolha e nela respira o mesmo ar que se renova a partir das forças da natureza. Essa renovação contém as informações que são catalogadas e registradas dentro da história do plano, dentro da história coletiva, dentro das experiências programadas neste mundo.

Você vive e se comunica a partir do ar que respira, e seus registros permanecem na atmosfera do planeta. Sendo assim, você faz parte de tudo.

Ao entender que você é parte de tudo e que tudo está em você, fica mais fácil perceber que cada elemento vivo pode ser agente de conexão com o todo.

Você pode se conectar com todo o *grid* via geometria e fluxo vibracional de plantas, árvores, rios e mares, entre outros elementos. Os seres que compõem a natureza refletem toda a estrutura armada para sustentar o plano.

As forças da natureza são reproduções em escala do mundo dimensional que se comunica o tempo todo.

Meditação

Traga um vaso de flor ou qualquer planta viva para esta meditação.
Procure um local tranquilo, arejado, que o deixe confortável.
Sente-se e coloque a planta à sua frente.
Respire o ar com consciência e perceba que a planta está receptiva a você. Sinta a força e a vivacidade da planta. Perceba que é uma energia viva.
Conecte-se com a planta visualmente. Abra sua energia para ela e sinta que ela também se abre para você à medida que sua intenção de conexão se revela.
Para existir, a planta possui uma fórmula perfeita que a alinha com a geometria do plano maior de sustentação.
Abra-se e perceba o fluido sustentador da planta. Sinta sua frequência, seu aroma, sua cor e direção energética.
Perceba que ela se conecta com outras plantas. Abra-se a essa conexão maior. Sinta o fluxo sem querer compreender nada.
Apenas sinta.
Perceba que há também uma conexão maior entre todas as plantas, árvores e montanhas por debaixo da terra.
Abra-se a essa conexão e sinta a transmissão contínua que ocorre entre esses elementos.
A partir dessa conexão, abra-se ao fluxo das águas que circulam pelas plantas, pelas árvores, pelas montanhas e pela terra.
Sinta o fluxo das águas. Trata-se de um reino poderoso, vivo, com comando e função planetária.
As águas estão em todo o planeta e se renovam. Disponha-se a aprender com o reino das águas que sustenta mundos e seres.

Permita que esse reino o convide a experimentar seu mundo etericamente. Deixe seu espírito se descolar de seu corpo e viaje no mundo das águas.

Quando as águas concluírem sua experiência, conecte-se com o reino dos ventos por meio da evaporação.

No reino dos ventos há muitos espíritos sustentadores de mundos e seres. Abra-se a esse reino e permita que ele lhe traga compreensão avançada.

Voe por esse mundo movido pelos ventos; sinta sua missão planetária e sua equação funcional.

Viva a experiência e quando ela findar, descanse acolhendo tudo o que recebeu.

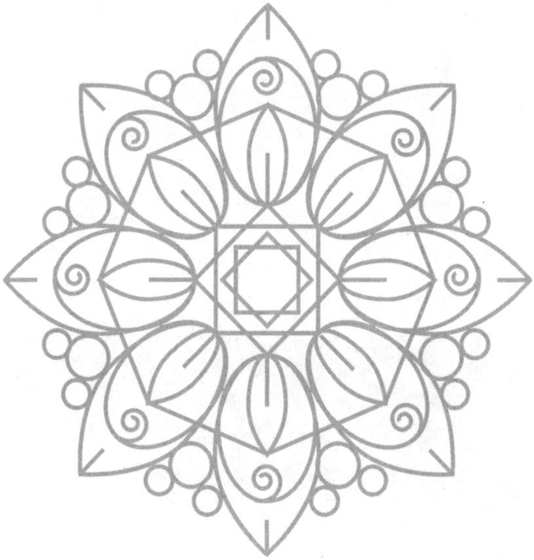

9
Meditação de encontro com o corpo

Preparação

Vamos lhe ensinar um caminho para que possa se acomodar na permanência do sutil dentro da densidade.

Você sustenta, vibra e anima a densidade que representa seu corpo.

Por vezes, a experiência de sustentação do corpo e da sua vida torna-se exaustiva a ponto de você se distanciar do que é. Relaxar no seu sistema corporal é importante para que possa descansar.

Você vive em um corpo e sua existência é muito precária. É preciso dormir para não entrar num estado de instabilidade física e emocional que compromete a própria vida.

Houve épocas neste mundo em que isso não era necessário, uma vez que os seres humanos viviam num corpo e em uma condição espiritual muito mais elevados. Você não se recorda dessa virtude porque ela está muito além dos tempos históricos e dos registros que você consegue acessar por meio da memória.

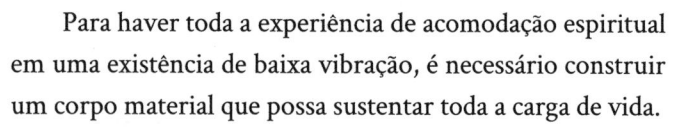

Para haver toda a experiência de acomodação espiritual em uma existência de baixa vibração, é necessário construir um corpo material que possa sustentar toda a carga de vida.

O corpo precisa funcionar de maneira autônoma e em completa harmonia com o desígnio espiritual.

Cada corpo tem desenho, atributos, funcionalidades e limitações ou restrições em estrita consonância com a matriz da alma.

Estar condicionado a um corpo que lhe foi emprestado para manifestar as suas experiências e ter de cuidar dele pode representar um peso grande e muita dor para inúmeras pessoas.

Muitos seres humanos estão cansados de carregar o próprio corpo; precisam descansar no espírito. Para você relaxar seu sistema, seu corpo precisa entrar em comunhão com o espírito. Essa comunhão traz o equilíbrio e, então, a paz.

Nesta meditação, vamos ensinar esse caminho e talvez você durma durante o exercício. Não há problema se isso acontecer. Tudo foi organizado para que as meditações fiquem registradas e você possa praticá-las outras vezes.

Meditação

Vamos começar este relaxamento relembrando onde você está.

E onde você está? Você está em um corpo. Um corpo que é animado por um espírito, em conjunto com vários seres.

Seu corpo é animado por vários seres para fazê-lo existir. São organismos muito pequenos que têm uma inteligência programada, e seu corpo é unido energeticamente por moléculas.

No fundo, seu corpo existe e não existe. Ele existe na vibração em que você está, mas também não existe.

Considere que seu corpo, em algum nível, não existe, porque ele é um campo unido vibracional.

Então, eu quero que você simplesmente relaxe. Respire, sinta o ar entrando e preenchendo todo o vazio do seu corpo.

O ar vai muito além dos pulmões. Imagine-o entrando em toda a sua estrutura corporal. Ao fazer isso, você vai trazer a consciência para o ar e o ar se tornará a consciência.

A entrada do ar é a consciência, é a sua mente indo para todos os cantos do organismo. Sinta a vibração do seu corpo. Ele pulsa.

Vá conduzindo a mente por todos os espaços, entre as moléculas. Há um espaço enorme entre as moléculas; há um universo dentro do seu corpo.

Leve a sua mente para o interior desse universo, vagando por todo o espaço vazio que existe dentro do seu corpo.

Simplesmente vá sentindo a névoa. Esse grande espaço vazio entre as moléculas é como se fosse um imenso universo.

Vá seguindo por esses túneis, por esses caminhos em sua estrutura física e traga o pulsar vivo de todas as partes dela.

Você vai ficando muito pequeno, sentindo o fluxo e a vibração do corpo.

É um pulsar, é uma vibração que atravessa os ossos. Os ossos são lotados de túneis, de cavernas. Perceba cavernas imensas nos poros dos seus ossos.

Atravesse os órgãos, as veias, o sistema nervoso. Entre no espaço aberto do sistema nervoso, nas artérias por onde passa o seu sangue e vá penetrando nas microcélulas, nos pequenos e nos grandes espaços. Vá desbravando esses espaços.

Você sentirá o pulsar de todo o corpo. Sinta-se dentro de um grande espaço, como um pequeno universo. Sinta um espaço vazio entre as moléculas que unem o seu corpo. Perceba que seu corpo todo é feito de água, das moléculas da água, e compreenda que você é um ser da água, o elemento a partir do qual seu corpo foi construído.

Sinta esse corpo todo fluindo com a água; simplesmente perceba-o fluindo por inteiro no espaço vazio de moléculas de água, completamente leve, oscilando em movimentos belos e harmônicos.

Visualize a dança das moléculas que vibram para manter o seu corpo vivo, para sustentar o funcionamento dos órgãos, dos tecidos e de toda a sua estrutura, para garantir as renovações celulares.

Seu corpo passa por uma renovação contínua. Simplesmente perceba esse movimento.

Permita-se dançar com o movimento das moléculas nesse espaço vazio.

Permita-se sentir as ondas das moléculas de água do seu corpo, expandindo e contraindo, expandindo e contraindo.

Deixe-se ser levado por esse movimento de expansão e contração das moléculas, relaxe com ele.

Sinta a leveza e a sutileza do seu corpo. Sinta a leveza do espírito alimentando energeticamente e dando vida a esse corpo. Sinta a chama que há nesse corpo, o elemento fogo – você tem fogo no corpo, além de água.

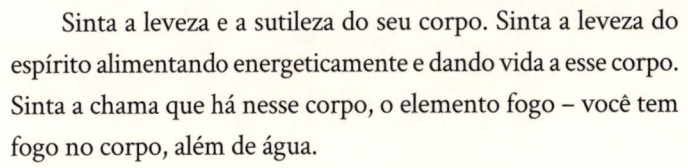

Sinta as moléculas se unindo para formar o pó que é a terra.

Sinta o ar permeando-o por completo. Sinta o éter, o fluido universal alimentando todo o seu corpo.

Sinta todos esses elementos fluindo, como um pulsar vivo.

Você se funde a tudo isso por meio dos sentidos, como uma névoa, expandindo e contraindo, expandindo e contraindo.

Deixe-se conduzir pelo fluxo do movimento do universo. Entre em comunhão com o fluxo universal de expansão e de retração. Simplesmente sinta, entregue-se, conecte-se com essa respiração, com essa fluidez, com essa leveza, com essa sutileza que é você.

Esse é um fluxo leve, bem mais leve do que possa imaginar

Sinta-se como esse fluxo no campo sutil dentro do corpo. Apenas sinta essa leveza, o horizonte que mora dentro de você, a perfeição do sistema e a beleza da estrutura da vida nesta dimensão.

Relaxe e conecte-se com esse fluxo, mais nada. Relaxe e viva este momento, neste lugar onde você entrou, onde colocou sua consciência e ocupou todos os espaços dentro do seu corpo.

Agora permita-se ir.

10
Meditação para o fluxo com outros mundos

Preparação

Seu mundo é composto de vários mundos.

Existe o mundo tridimensional no qual os seres humanos encarnam e para o qual descem, e há toda uma estrutura para que isso aconteça.

Existe um mundo espiritual, que é um mundo interdimensional que está em vários níveis da Terra.

Há cidades acima e abaixo dos mares; há cidades acima de outras cidades e de outras superfícies do planeta. Existem muitos mundos sobrepostos, que são os mundos em que você vive, os mundos reais. Já o mundo que você pensa ser real não é real.

Há também os mundos intraterrenos no campo energético, sutil, e no campo físico.

Você precisa resgatar a memória. No fundo, todos os seres humanos sabem disso, mas nós estamos trazendo essa informação para que você possa acessar o seu registro maior, porque tudo está registrado.

Tudo que se movimenta no universo, em certo nível, faz isso atravessando portas. Nada que existe em seu mundo é por acaso.

Se existem portas em sua casa, escritório e demais ambientes, é porque foram emprestadas de outras realidades.

Tudo em seu mundo físico é emprestado de um mundo espiritual. Sendo assim, as portas são meios para o "atravessar".

O universo está repleto de portais cujo papel é regular e facilitar o movimento dos seres por todas as partes – e muitos desses seres chegam ao seu mundo físico atravessando esses portais que, de fato, são passagens intermundos ou interdimensões.

O acesso a essas passagens ou portais se dá pela junção de três aspectos: missão, vibração e consciência.

O movimento de seres é geralmente missionário, ou seja, tem uma razão guiadora de existir.

O aspecto vibracional é indispensável, pois não há como passar por portais sem que se sustente a energia vibracional do outro lado.

Por fim, cada ser necessita de algum nível de consciência expandida que traga a compreensão necessária para se movimentar entre mundos.

Com o devido entendimento, você pode atravessar mundos e, para isso, é necessário o "descolamento inocente".

Descolamento inocente é um movimento mental para se afastar da realidade e trazer à tona a vontade curiosa da criança que existe em você. Essa é a chave para atravessar mundos.

O descolamento inocente ocorre quando você abandona o corpo, a história e se move para a frente sem medo. A criança pura não tem medo e não tem desejo. Ela simplesmente se disponibiliza, se abre e se lança para onde for. É um estado de espírito.

Quando você ativa a criança, ativa também seres que cuidam de você e atentam para o que faz.

Os seres mais evoluídos do Sistema Solar estão no planeta que chamam de Júpiter, cujos habitantes conseguem se conectar mentalmente e ver o que está acontecendo na Terra.

Entenda, eles se preocupam e prestam atenção quando os humanos fazem coisas que podem interferir no Sistema como um todo. É como se fossem adultos tomando conta de criancinhas.

Eles olham para o planeta Terra, que é um pontinho azul bem brilhante, e observam seus habitantes tendo as experiências pelas quais devem passar; veem se não estão fazendo nada que seja perigoso para todos. Se houver algum comportamento desequilibrante, eles podem atuar de várias formas.

Muitas vezes, esses seres se materializam e têm a habilidade de estar entre vocês. Muitos deles aportam com suas naves e intervêm em diferentes assuntos, inclusive militares.

A Terra já sofreu diversas intervenções das quais seus habitantes nem sequer desconfiam. Os seres de baixo, que moram no interior do plano e dispõem de muitas naves, também já interviram para ajustar coisas que os humanos estavam fazendo e que seriam nocivas.

Portanto, ao realizar o descolamento inocente, faça-o pela pureza, pela intenção e com merecimento. Só assim você atravessará realidades com responsabilidade e poderá acessar outros mundos.

Meditação

Sinta seu corpo e sua respiração. Perceba que alimenta o corpo com luz e oxigênio.

Seu corpo está sob seu comando. Permita que ele continue a operar mecanicamente.

Descole-se de seu corpo. Abandone-o. À medida que se afasta pela consciência do espírito, sinta a liberdade do ir e vir.

Abra-se à sensação de liberdade e sinta-se movimentando para cima, para baixo, para todos os lados. Sinta-se flexível como se fosse um elástico que se estica para o infinito.

Perceba agora que você desaparece deste mundo e reaparece em outro. Seu espírito é capaz de atravessar dimensões.

Abra as mãos e os dedos das mãos. Junte as mãos com os dedos abertos sem os entrelaçar. Inicie um movimento de abrir os braços afastando as mãos e os dedos abertos.

Abra e feche os braços aproximando as mãos sem tocá-las. Faça várias vezes esse movimento como se fosse um bater de asas, mas com as mãos sempre na sua frente.

Sinta que um campo de energia começa a se formar com o movimento de fechar e abrir os braços.

Não se trata de força nem de velocidade, é algo mais sensível, com ritmo ditado pelo seu coração.

Dirija-se ao campo e abra-se a ele. Permita-se entrar e viver nele. Solte-se no campo. Se sentir necessidade de cessar o movimento de mãos e braços, tudo bem.

Comece a perceber que há passagens e que elas foram construídas. São passagens energéticas fluidas. Sinta a mudança quando as atravessa.

Todas essas passagens são sustentadas por guardiões. Abra-se aos guardiões. Honre-os. Eles são seres que sustentam os mundos dentro dos mundos.

Peça-lhes que lhe seja concedida a graça de atravessar portais para outros mundos.

Acolha com gratidão a dádiva de atravessar mundos.

Sinta o chamado de algum guardião, seja da Terra, seja de fora dela. Abra seu espírito movido pela coragem e pela aventura. Seu espírito será sugado pelo portal.

Permita-se ser sugado.

Sinta a travessia e o movimento para outro mundo.

Abandone completamente qualquer tipo de julgamento que possa fazer. Esqueça ideias de certo, errado, estranho ou perturbador. Simplesmente se abra para o que vier.

Acolha o lugar que autorizou sua entrada.

Não se permita questionar se isso é real ou não. Você está no campo do espírito.

Leve sua atenção para esse entremeio dimensional. Sinta a energia que se forma e o mundo que se abre. Sem julgamento, apenas sentindo, leve sua energia para esse lugar.

Continue o movimento do bater de asas à sua frente; apenas sinta que o fluxo pede sensibilidade.

Entregue-se. Não julgue. Não tente entender. Viva.

Vá cessando o movimento quando sentir que a experiência está completa e que você está de volta, plenamente.

Descanse.

Escaneie o QR Code e ouça as meditações contidas em cada capítulo.

Meditação 1

Meditação 2

Meditação 3

Meditação 4

Meditação 5

Meditação 6

Meditação 7

Meditação 8

Meditação 9

Meditação 10

Livros canalizados por L.B. Mello Neto

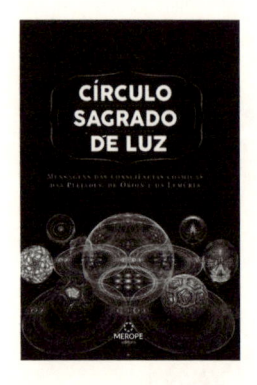

Círculo sagrado de luz
É uma compilação de canalizações realizadas presencialmente a partir de seres de diversas dimensões. As mensagens, em forma de perguntas e respostas, são reveladoras e disruptivas quanto ao entendimento do mundo espiritual e da realidade humana.

Orações do Sol
Uma pérola poética e transformadora. O livro contém quarenta orações inspiradoras que impactam a estrutura mental, emocional e espiritual das pessoas. Há diversos relatos sobre como o livro propiciou ativações de cura.

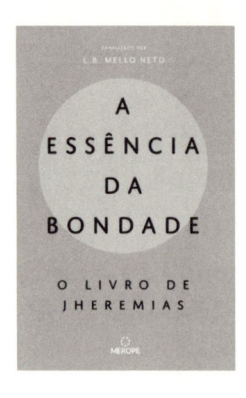

A essência da bondade
Com uma linguagem forte e direta, a consciência pleiadiana Jheremias traz uma abordagem diversa sobre o significado da bondade. Com informações que desmontam crenças antigas, o livro esclarece e inquieta ao revelar às pessoas outras formas de se movimentar na vida e lidar com seus semelhantes.

Quem é você
Cada pessoa está muito além do que imagina ser. É hora de abrir o coração para a mais profunda ligação espiritual da existência. Esse livro é um portal de informações pleiadiano que ativará conhecimentos antigos e lhe dará condição de estabelecer uma conexão mais estreita com todo o universo.

Toda doença é uma cura
Texto revelador que aborda temas sensíveis ligados à existência como um todo, explica as causas e os movimentos cósmicos que afetam as estruturas físicas, mentais e emocionais que nos cercam, além de reconectar o leitor com conhecimentos antigos que regem toda a história da humanidade.

O jogo do mundo
Eahhh transmite um conhecimento vindo de várias fontes espirituais sobre a evolução humana: nós vivemos um grande jogo criado por inteligências superiores que alimentam esse processo. O que ocorre em uma dimensão é reproduzido em outra, a fim de se fecharem ciclos de compensação energética vibracional.

TIPOLOGIA: Gloock [títulos de aberturas e capítulos]
Crimson Text [texto e entretítulos]
PAPEL: Off-white 90 g/m² [miolo]
Cartão 250 g/m² [capa]
IMPRESSÃO: Formato Artes Gráficas [março de 2024]